AF216144

Impressum
Verlag: BABADADA GmbH, Nedderfeld 112 , 22529 Hamburg
Geschäftsführer / Verlagsleitung: Harald Hof
Druck: Books on Demand GmbH, In de Tarpen 42, 22848 Norderstedt

Imprint
Publisher: BABADADA GmbH, Nedderfeld 112 , 22529 Hamburg, Germany
Managing Director / Publishing direction: Harald Hof
Print: Books on Demand GmbH, In de Tarpen 42, 22848 Norderstedt, Germany

# escola
# škola

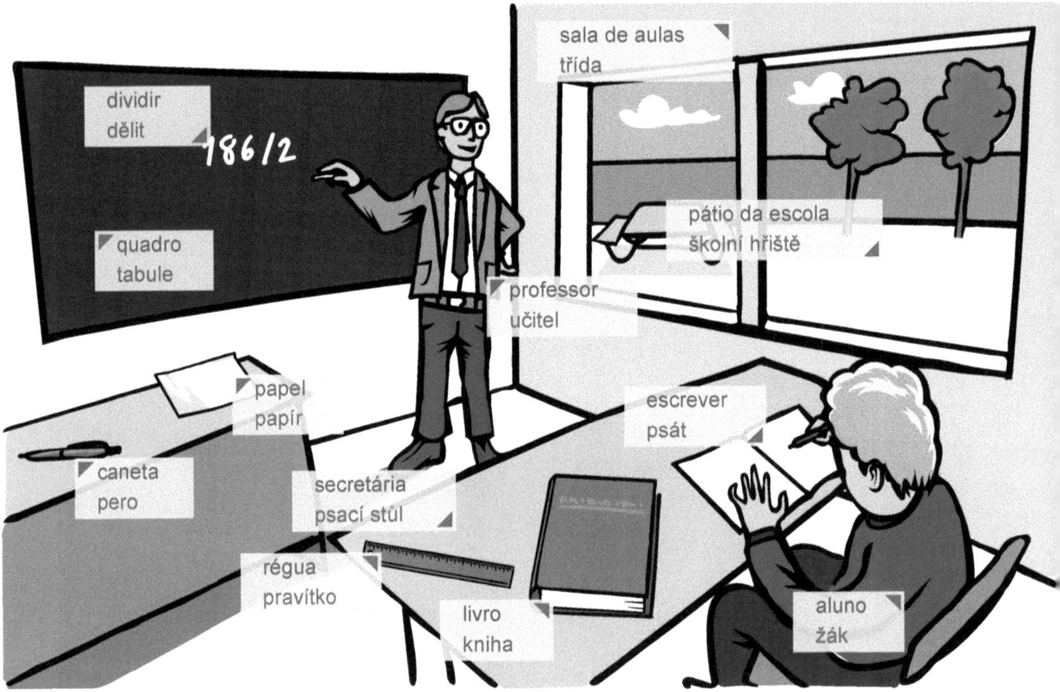

sala de aulas
třída
dividir
dělit
186/2
pátio da escola
školní hřiště
quadro
tabule
professor
učitel
papel
papír
escrever
psát
caneta
pero
secretária
psací stůl
régua
pravítko
livro
kniha
aluno
žák


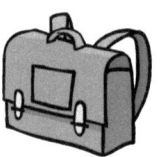

mochila
aktovka

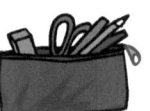

estojo de lápis
penál

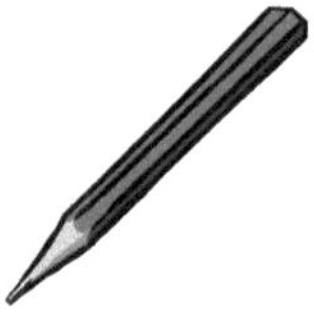

lápis
tužka

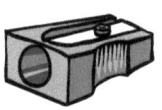

afia-lápis
ořezávátko

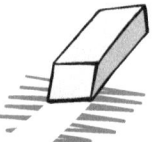

borracha
guma

bloco de desenho
blok na kreslení

desenho

výkres

pincel

štětec

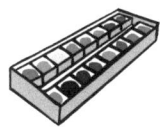

caixa de tintas

malířské potřeby

tesoura

nůžky

cola

lepidlo

livro de exercícios

cvičebnice

trabalhos de casa

domácí úkol

número

počet

somar

sčítat

subtrair

odčítat

multiplicar

násobit

calcular

počítat

letra

písmeno

alfabeto

abeceda

palavra

slovo

texto
.......................
text

ler
.......................
číst

giz
.......................
křída

hora
.......................
hodina

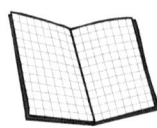

registo de presenças
.......................
třídní kniha

exame
.......................
zkouška

certificado
.......................
vysvědčení

uniforme escolar
.......................
školní uniforma

educação
.......................
vzdělání

enciclopédia
.......................
encyklopedie

universidade
.......................
univerzita

microscópio
.......................
mikroskop

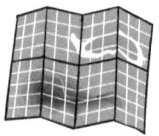

mapa
.......................
karta

cesto de lixo
.......................
odpadkový koš na papír

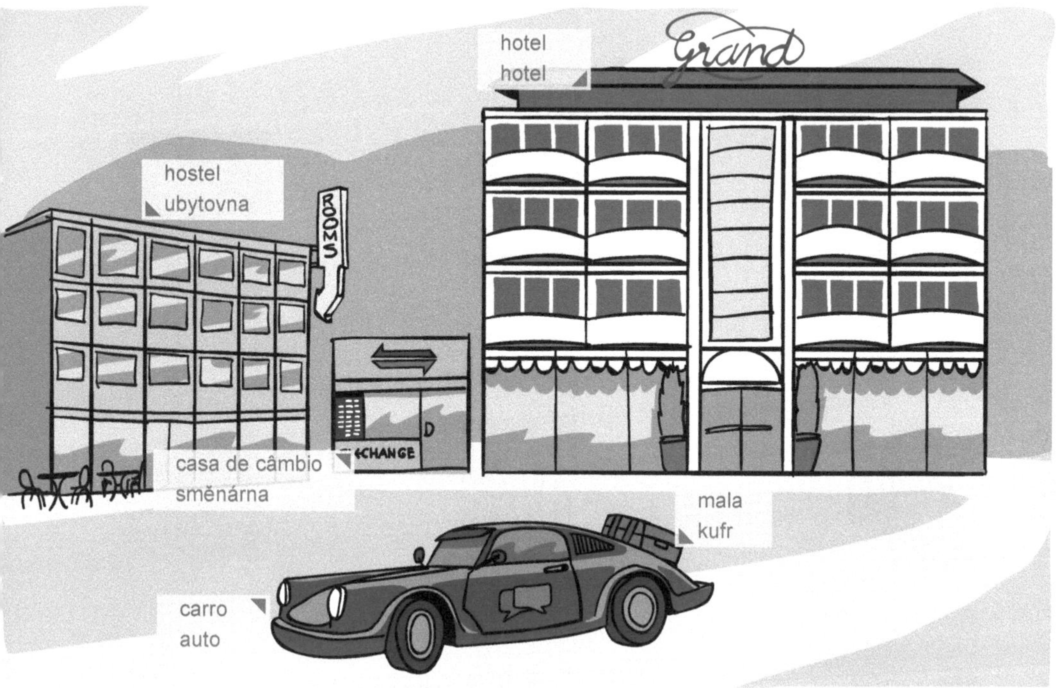
hotel
hotel
Grand
hostel
ubytovna
ROOMS
EXCHANGE
casa de câmbio
směnárna
mala
kufr
carro
auto

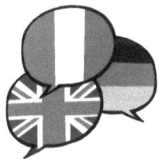

idioma

jazyk

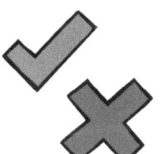

sim / não

ano / ne

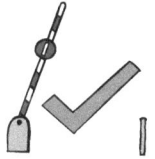

ok / certo / correto

oukej

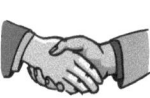

olá

Ahoj!

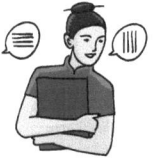

intérprete

překladatel

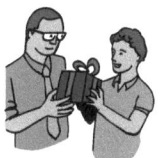

obrigado

děkuji

quanto é que custa... ?

Kolik stojí...?

não entendo

nerozumím

problema

problém

boa noite!

Dobrý večer!

Bom dia!

Dobré ráno!

Boa noite!

Dobrou noc!

adeus

na shledanou

direção

směr

bagagem

zavazadlo

saco

taška

mochila

batoh

convidado

host

quarto

pokoj

saco-cama

spací pytel

tenda

stan

informação turística

turistické informace

praia

pláž

cartão de crédito

kreditní karta

pequeno-almoço

snídaně

almoço

oběd

jantar

večeře

bilhete

jízdenka

elevador

výtah

selo postal

poštovní známka

fronteira

hranice

alfândega

clo

embaixada

poselství

visto

vízum

passaporte

pas

# transporte
# transport

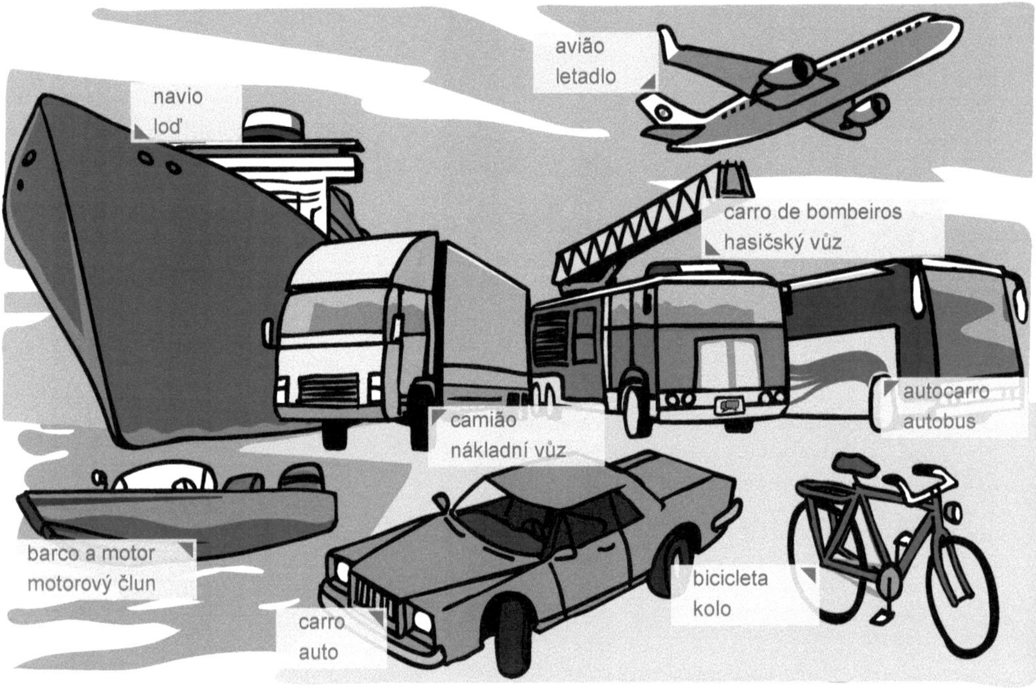

navio
loď
avião
letadlo
carro de bombeiros
hasičský vůz
autocarro
autobus
camião
nákladní vůz
barco a motor
motorový člun
bicicleta
kolo
carro
auto


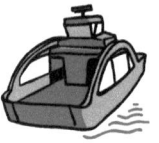

cacilheiro

přívoz

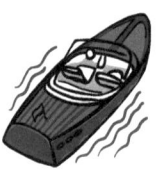

barco

člun

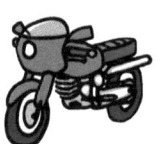

mota

motorka

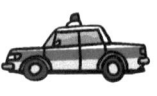

carro de polícia

policejní auto

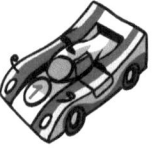

carro de corrida

závodní auto

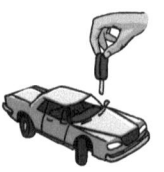

carro alugado

pronajaté auto

carsharing

sdílení aut

camião de reboque

odtahová služba

camião do lixo

popelářský vůz

motor

motor

combustível

palivo

estação de serviço

čerpací stanice

sinal de trânsito

dopravní značka

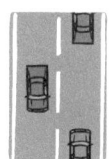

trânsito

doprava

congestionamento de trânsito

dopravní zácpa

parque de estacionamento

parkoviště

estação ferroviária

vlakové nádraží

carris

koleje

comboio

vlak

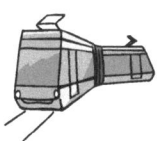

elétrico

tramvaj

carruagem

vagón

helicóptero

helikoptéra

aeroporto

letiště

torre

věž

passageiro

pasažér

contentor

kontejner

caixa de papelão

kartón

carrinho

trakař

cesto

koš

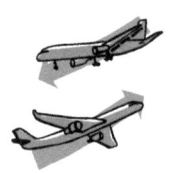

levantar voo / aterrar

vzlétnout / přistát

## cidade

## město

aldeia

vesnice

centro da cidade

střed města

casa

dům

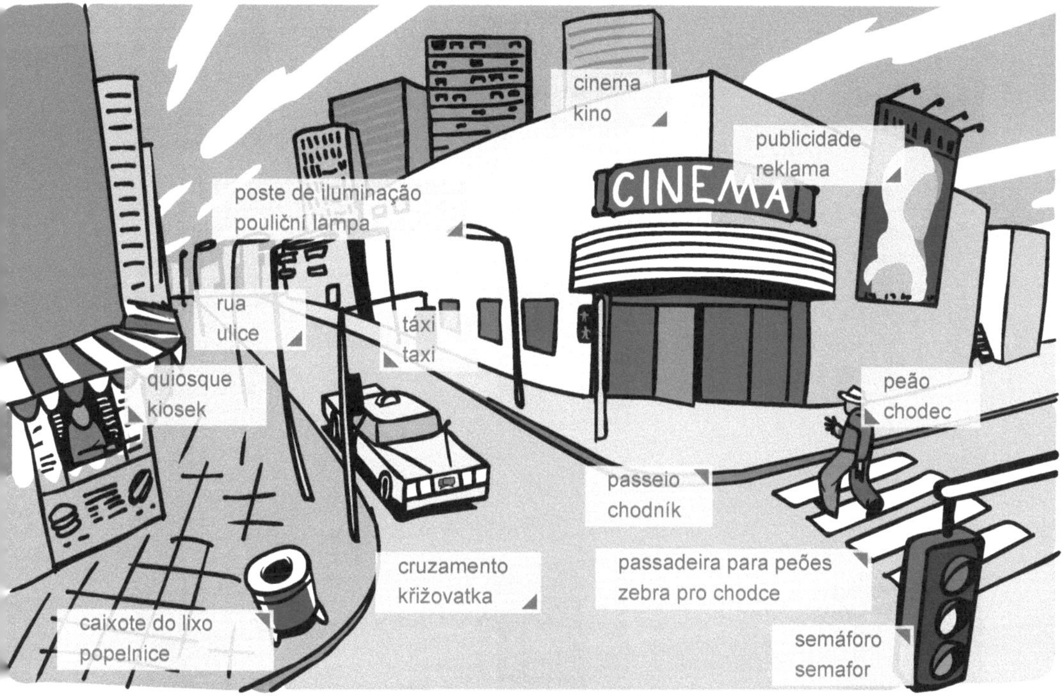

cinema
kino

publicidade
reklama

poste de iluminação
pouliční lampa

CINEMA

rua
ulice

táxi
taxi

peão
chodec

quiosque
kiosek

passeio
chodník

caixote do lixo
popelnice

cruzamento
křižovatka

passadeira para peões
zebra pro chodce

semáforo
semafor

cabana

chata

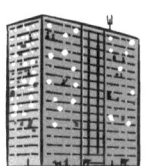

apartamento

byt

estação ferroviária

vlakové nádraží

câmara municipal

radnice

museu

muzeum

escola

škola

cidade - město

universidade

univerzita

banco

banka

hospital

nemocnice

hotel

hotel

farmácia

lékárna

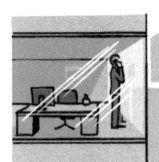

escritório

kancelář

livraria

knihkupectví

loja

obchod

florista

květinářství

supermercado

supermarket

mercado

tržnice

loja de departamentos

obchodní dům

peixaria

rybárna

centro comercial

nákupní centrum

porto

přístav

parque

park

banco

lavička

ponte

most

escadas

schody

metro

metro

túnel

tunel

paragem de autocarro

autobusová zastávka

bar

bar

restaurante

restaurace

caixa de correio

poštovní schránka

sinal de trânsito

pouliční tabule

parquímetro

parkovací hodiny

jardim zoológico

zoo

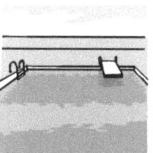

piscina

plovárna

mesquita

mešita

cidade - město

quinta
.................
usedlost

poluição
.................
znečišťování životního
prostředí

cemitério
.................
hřbitov

igreja
.................
církev

parque infantil
.................
hřiště

templo
.................
chrám

## paisagem
## krajina

folha
list

placa de sinalização
rozcestník

caminho
cesta

prado
louka

pedra
kámen

árvore
strom

caminhantes
turista

rio
řeka

relva
tráva

flor
květina

vale
údolí

montanha
hora

lago
jezero

floresta
les

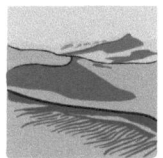

deserto
poušť

vulcão
sopka

castelo
zámek

arco-íris
duha

cogumelo
houba

palma
palma

mosquito
komár

mosca
moucha

formiga
mravenec

abelha
včela

aranha
pavouk

besouro

brouk

sapo

žába

esquilo

veverka

ouriço

ježek

lebre

zajíc

coruja

sova

pássaro

pták

cisne

labuť

javali

divoké prase

veado

jelen

alce

los

barragem

přehrada

turbina eólica

větrné kolo

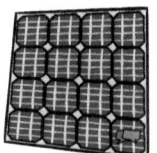

painel solar

solární panel

clima

podnebí

# restaurante
# restaurace

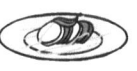

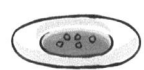

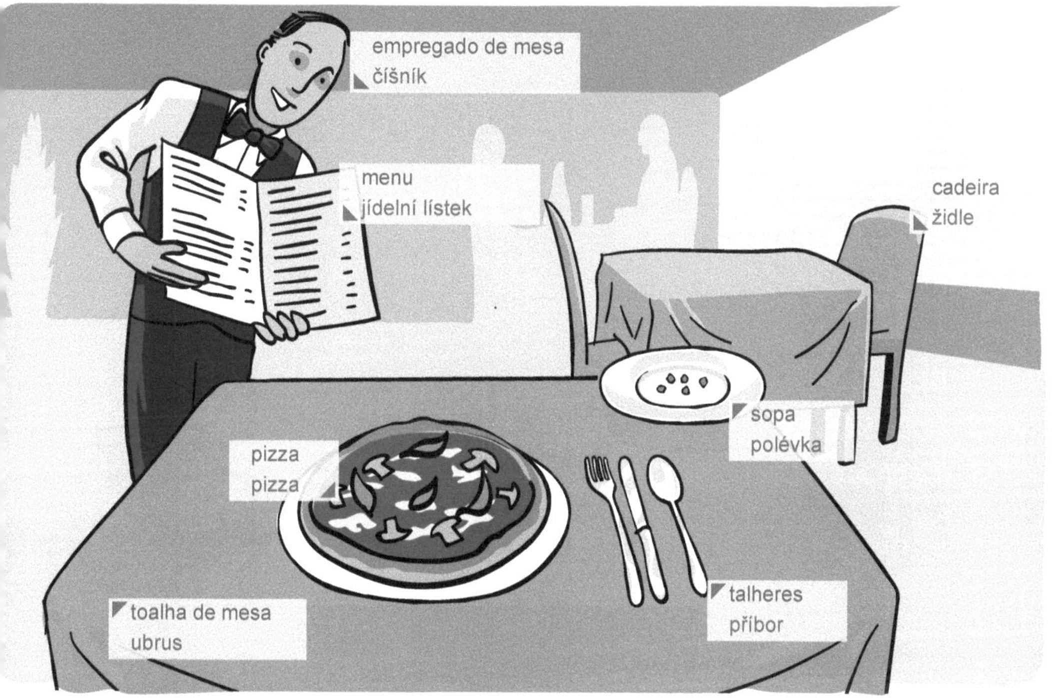

empregado de mesa
číšník
menu
jídelní lístek
cadeira
židle
sopa
polévka
pizza
pizza
talheres
příbor
toalha de mesa
ubrus


entrada
předkrm

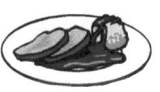

prato principal
hlavní chod

sobremesa
dezert

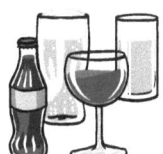

bebidas
nápoje

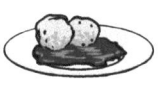

comida
jídlo

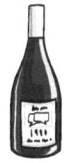

garrafa
láhev

fast food
rychlé občerstvení

comida de rua
pouliční občerstvení

bule de chá
čajová konvice

açucareiro
cukřenka

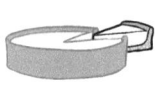

porção
porce

máquina de café expresso
kávovar na espresso

cadeira alta
dětská stolička

conta
faktura

bandeja
tác

faca
nůž

garfo
vidlička

colher
lžíce

colher de chá
čajová lyžička

guardanapo
ubrousek

copo
sklenička

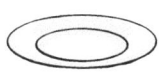

prato
talíř

prato de sopa
talíř na polévku

pires
podšálek

molho
omáčka

saleiro
slánka

moinho de pimenta
mlýnek na pepř

vinagre
ocet

óleo
olej

especiarias
koření

ketchup
kečup

mostarda
hořčice

maionese
majonéza

# supermercado
## supermarket

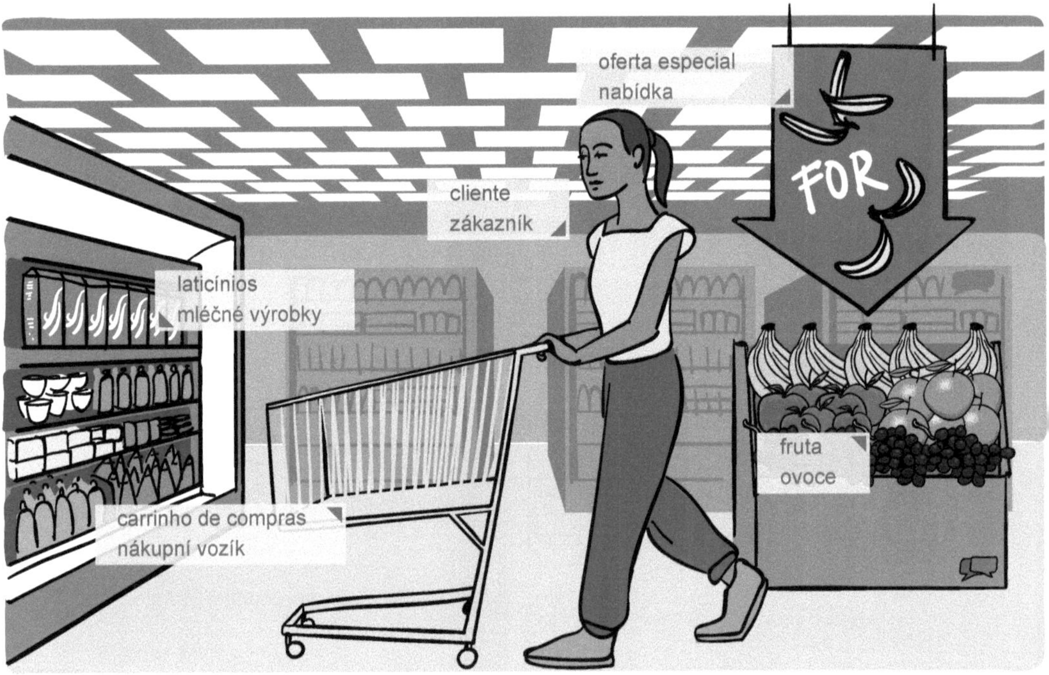

oferta especial
nabídka
FOR
cliente
zákazník
laticínios
mléčné výrobky
fruta
ovoce
carrinho de compras
nákupní vozík

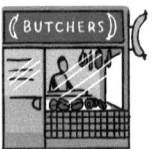

BUTCHERS

talho

masna

BAKERY

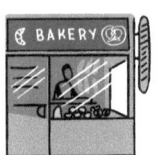

padaria

pekařství

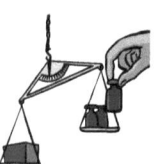

pesar

vážit

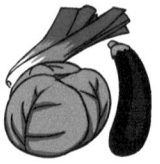

vegetais

zelenina

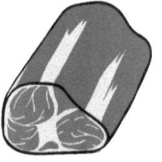

carne

maso

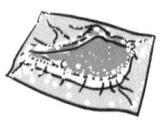

alimentos congelados

mražené potraviny

charcutaria
.................
obložený talíř

comida enlatada
.................
konzervy

detergente em pó
.................
prací prášek

doces
.................
cukrovinky

artigos domésticos
.................
výrobky pro domácnost

produtos de limpeza
.................
čisticí prostředek

vendedora
.................
prodavačka

caixa
.................
pokladna

caixa
.................
pokladní

lista de compras
.................
nákupní seznam

horário de funcionamento
.................
otevírací doba

carteira
.................
peněženka

cartão de crédito
.................
kreditní karta

saco
.................
taška

saco de plástico
.................
igelitová taška

água
......................
voda

sumo
......................
džus

leite
......................
mléko

coca-cola
......................
kola

vinho
......................
víno

cerveja
......................
pivo

álcool
......................
alkohol

cacau
......................
kakao

chá
......................
čaj

café
......................
káva

café expresso
......................
espresso

capuccino
......................
kapučíno

banana

banán

maçã

jablko

laranja

pomeranč

melão

meloun

limão

citrón

cenoura

mrkev

alho

česnek

bambu

bambus

cebola

cibule

cogumelo

houba

nozes

ořechy

talharim

těstoviny

esparguete

špageti

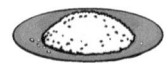

arroz

rýže

salada

salát

batatas fritas

hranolky

batatas fritas

americké brambory

pizza

pizza

hambúrguer

hamburger

sanduíche

sendvič

bife panado

řízek

fiambre

šunka

salame

salám

salsicha

salám

galinha

kuře

assado

pečeně

peixe

ryby

flocos de aveia

ovesné vločky

muesli

müsli

flocos de milho

vločky

farinha

mouka

croissant

croissant

carcaça (pãozinho)

houska

pão

chléb

torrada

toast

biscoitos

sušenky

manteiga

máslo

requeijão

tvaroh

bolo

buchta

ovo

vejce

ovo estrelado

volské oko

queijo

sýr

gelado

zmrzlina

açúcar

cukr

mel

med

compota

marmeláda

creme de nougat

nugátový krém

caril

kari

# quinta
# usedlost

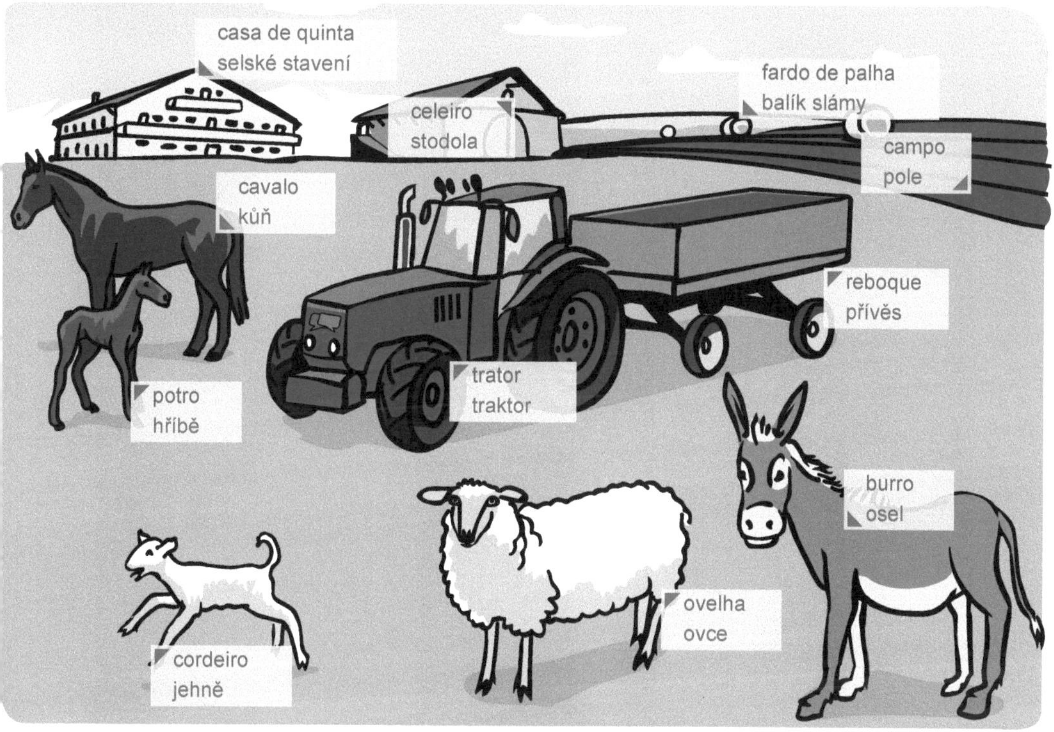

casa de quinta
selské stavení
celeiro
stodola
fardo de palha
balík slámy
campo
pole
cavalo
kůň
reboque
přívěs
trator
traktor
potro
hříbě
burro
osel
ovelha
ovce
cordeiro
jehně


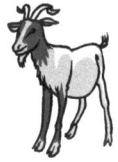

cabra
koza

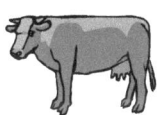

vaca
kráva

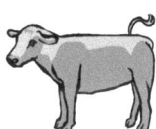

bezerro
tele

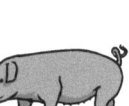

porco
prase

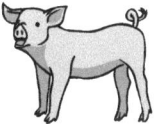

leitão
sele

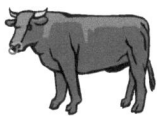

touro
býk

ganso

husa

pato

kachna

pintaínho

kuře

galinha

slepice

galo

kohout

ratazana

krysa

gato

kočka

rato

myš

boi

vůl

cão

pes

casota

psí bouda

mangueira de jardim

zahradní hadice

regador

kropicí konev

foice

kosa

arado

pluh

foice

srp

enxada

motyka

forquilha

vidle

machado

sekera

carrinho de mão

kolecko

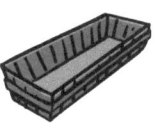

manjedoura

koryto

jarro de leite

konev na mléko

saco

pytel

cerca

plot

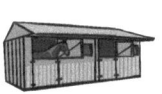

estábulo

stáj

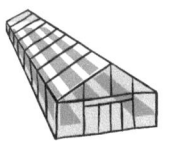

estufa

skleník

solo

půda

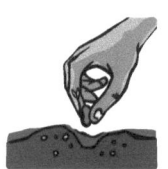

semente

osivo

fertilizante

hnojivo

ceifeira-debulhadora

kombajn

colher

sklidit

colheita

sklizeň

inhame

smldinec

trigo

pšenice

soja

sója

batata

brambora

milho

kukuřice

colza

řepka

árvore de fruto

ovocný strom

mandioca

maniok

cereais

obilí

# casa
# dům

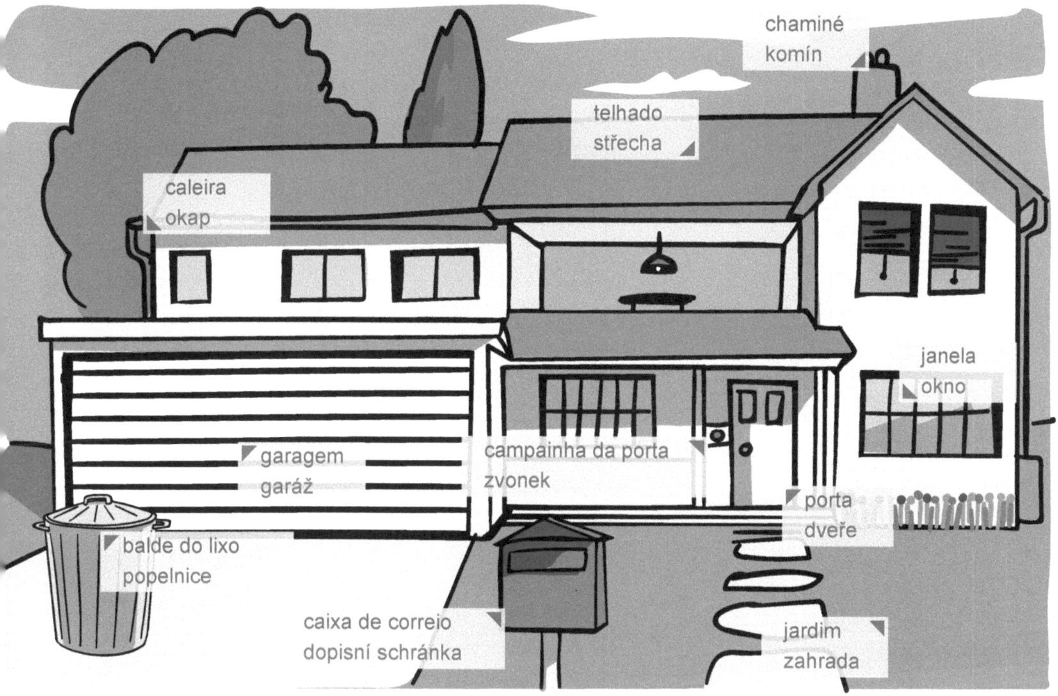
chaminé
komín
telhado
střecha
caleira
okap
janela
okno
garagem
garáž
campainha da porta
zvonek
porta
dveře
balde do lixo
popelnice
caixa de correio
dopisní schránka
jardim
zahrada

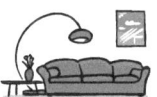

sala de estar

obývací pokoj

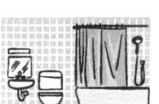

casa de banho

koupelna

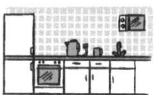

cozinha

kuchyně

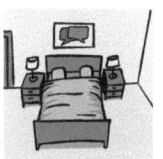

quarto de dormir

ložnice

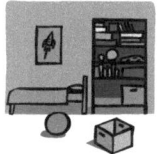

quarto de criança

dětský pokoj

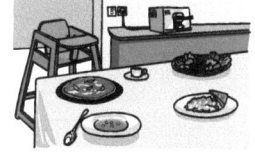

sala de jantar

jídelna

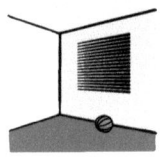

chão

podlaha

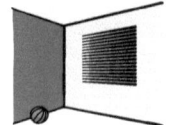

parede

zeď

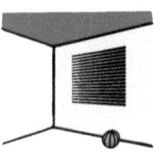

teto

deka

cave

sklep

sauna

sauna

varanda

balkón

terraço

terasa

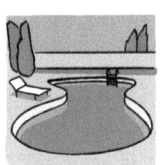

piscina

bazén

máquina de cortar relvado

sekačka na trávu

lençol

ložní prádlo

cobertor

lůžková přikrývka

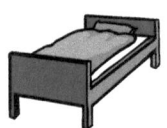

cama

postel

vassoura

smeták

balde

kýbl

interruptor

vypínač

32    casa - dům

# sala de estar
# obývací pokoj

papel de parede
tapeta
imagem
obrázek
lâmpada
žárovka
prateleira
police
armário
skříň
televisão
televizor
lareira
komín
flor
květina
almofada
polštář
sofá
gauč
vaso
váza
controlo remoto
dálkový ovladač


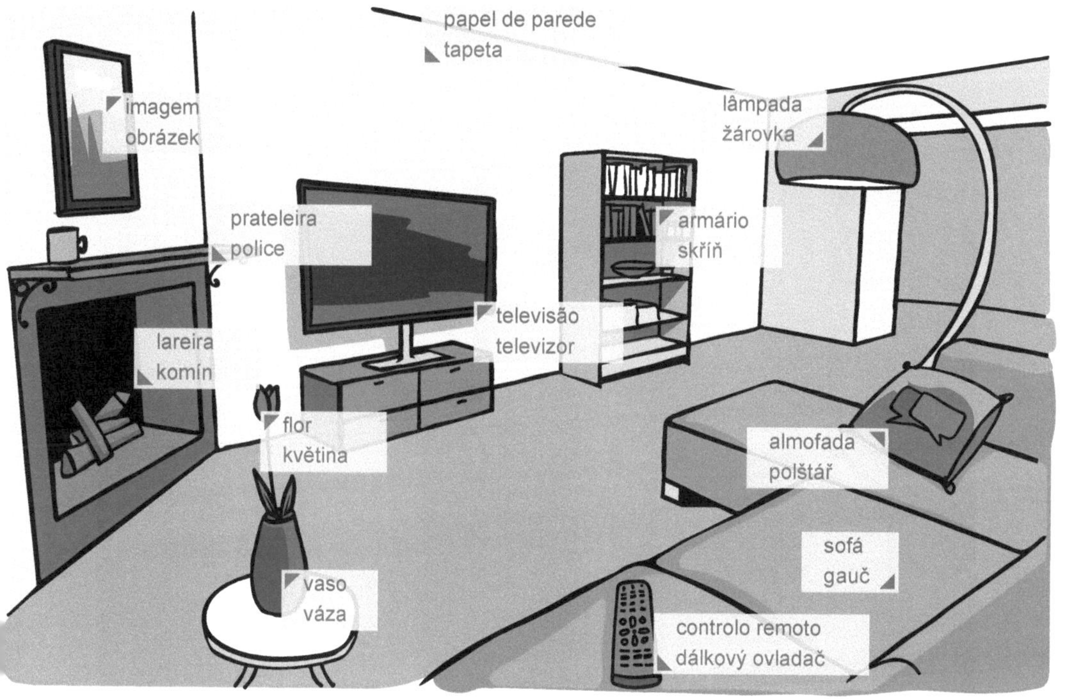

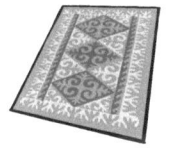

tapete
koberec

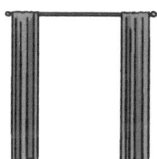

cortina
závěs

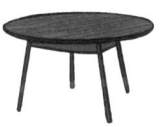

mesa
stůl

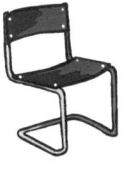

cadeira
židle

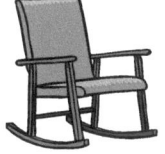

cadeira de baloiço
houpací křeslo

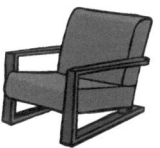

poltrona
křeslo

livro
kniha

cobertor
strop

decoração
ozdoba

lenha
palivové dříví

filme
film

sistema estéreo
stereo souprava

chave
klíč

jornal
noviny

pintura
malba

póster
plakát

rádio
rádio

bloco de notas
poznámkový blok

aspirador
vysavač

cato
kaktus

vela
svíce

# cozinha
# kuchyně

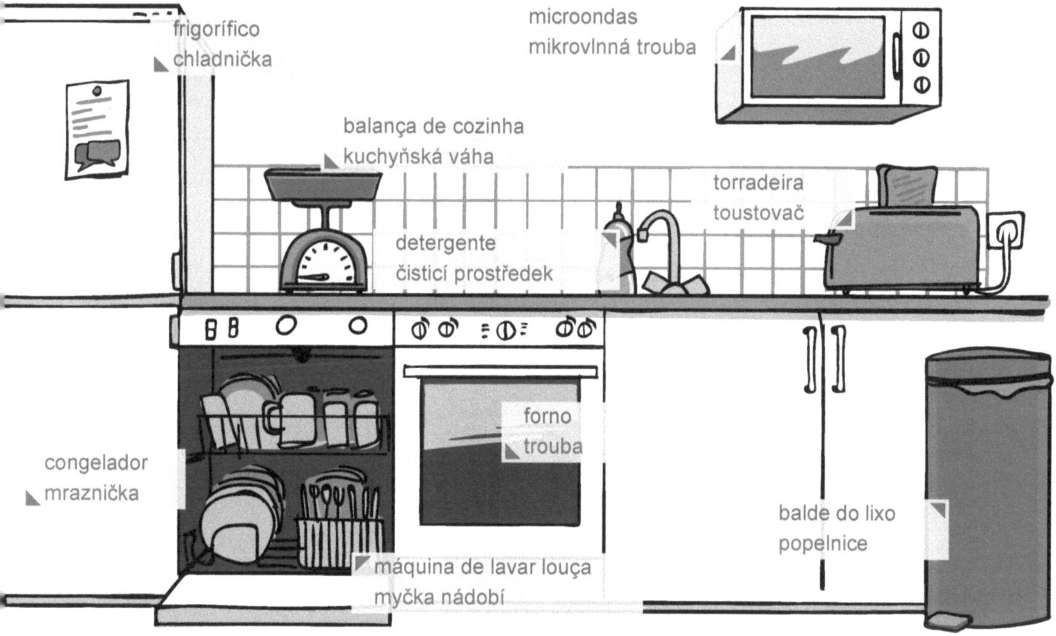
frigorífico
chladnička
microondas
mikrovlnná trouba
balança de cozinha
kuchyňská váha
torradeira
toustovač
detergente
čisticí prostředek
forno
trouba
congelador
mraznička
balde do lixo
popelnice
máquina de lavar louça
myčka nádobí

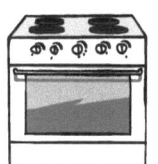

fogão
sporák

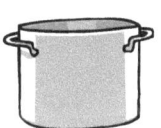

panela
hrnec

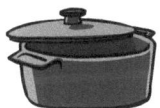

panela de ferro
litinový hrnec

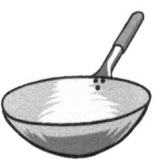

wok / kadai
wok / kadai

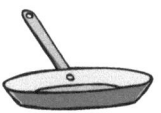

frigideira
pánev

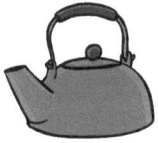

chaleira
varná konvice

panela a vapor

parní hrnec

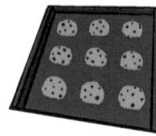

tabuleiro de forno

plech na pečení

louça

nádobí

caneca

hrnek

tigela

miska

pauzinhos

jídelní hůlky

concha de sopa

naběračka

espátula

obracečka

batedor de claras

metla

escorredor

síto

peneira

cedník

ralador

struhadlo

almofariz

hmoždíř

churrasqueira

gril

lareira

ohniště

tábua de cortar

prkénko na krájení

rolo da massa

váleček na těsto

saca-rolhas

vývrtka

lata

dóza

abridor de latas

otvírák na konzervy

luvas de forno

chňapka

lava-loiça

umyvadlo

escova

kartáč na nádobí

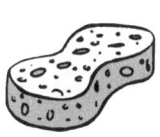

esponja

houba

liquidificador

mixér

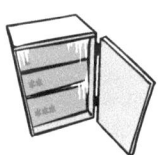

arca frigorífica

mrazák

biberão

dětská lahev

torneira

kohoutek

# casa de banho

# koupelna

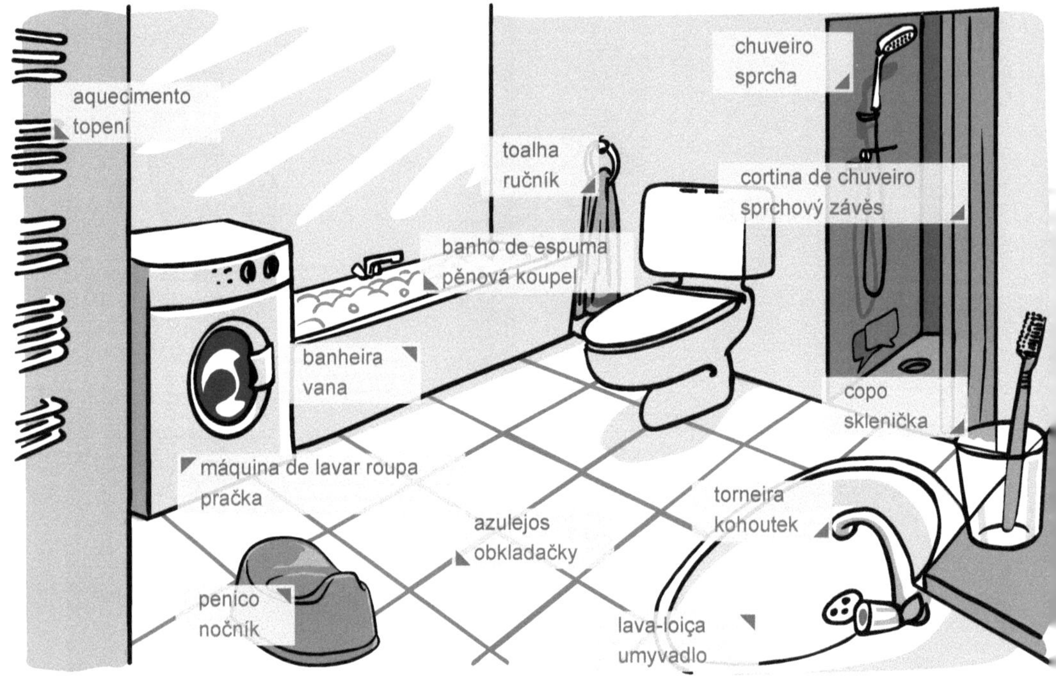
aquecimento
topení
toalha
ručník
chuveiro
sprcha
cortina de chuveiro
sprchový závěs
banho de espuma
pěnová koupel
banheira
vana
copo
sklenička
máquina de lavar roupa
pračka
torneira
kohoutek
azulejos
obkladačky
penico
nočník
lava-loiça
umyvadlo

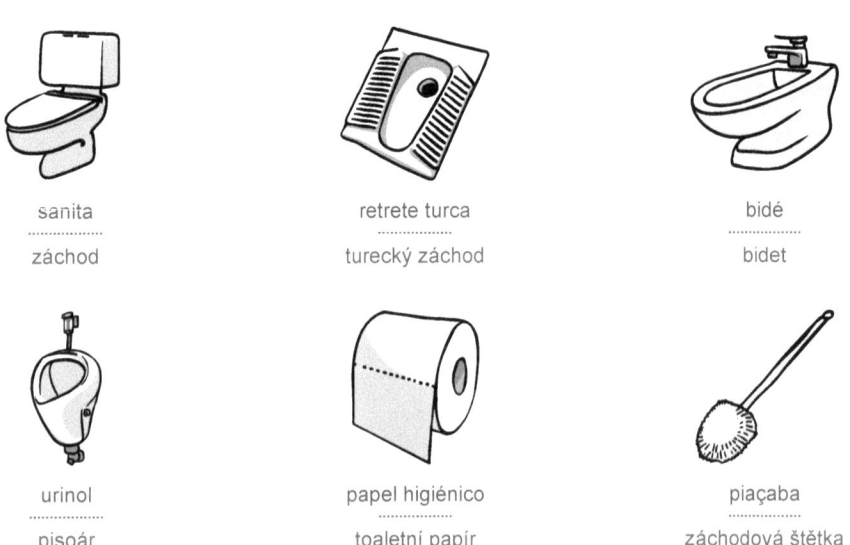

sanita

záchod

retrete turca

turecký záchod

bidé

bidet

urinol

pisoár

papel higiénico

toaletní papír

piaçaba

záchodová štětka

escova de dentes

zubní kartáček

pasta de dentes

zubní pasta

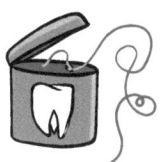

fio dentário

zubní niť

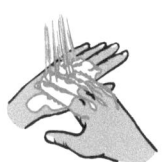

lavar

mýt

chuveiro de mão

ruční sprcha

duche íntimo

intimní sprcha

bacia

umyvadlo

escova para as costas

kartáč na záda

sabonete

mýdlo

gel de banho

sprchový gel

champô

šampón

toalha de rosto

žínka

escoamento

odpad

creme

krém

desodorizante

deodorant

espelho

zrcadlo

espelho de mão

kosmetické zrcátko

máquina de barbear

holicí strojek

creme de barbear

pěna na holení

loção pós-barba

voda po holení

pente

hřeben

escova

kartáč

secador de cabelo

fén

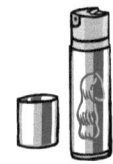

spray de cabelo

lak na vlasy

maquilhagem

makeup

batom

rtěnka

verniz de unhas

lak na nehty

algodão

vata

tesoura para unhas

nůžky na nehty

perfume

parfém

nécessaire

taška s toaletními potřebami

tamborete

stolička

balança

váha

roupão de banho

župan

luvas de borracha

gumové rukavice

tampão

tampón

penso higiénico

dámská vložka

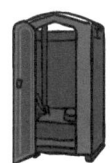

WC químico

chemická toaleta

# quarto de criança

# dětský pokoj

despertador
budík
peluche
plyšová hračka
carro de brincar
autíčko
chocalho
chrastítko
casa de bonecas
domeček pro panenky
presente
dárek


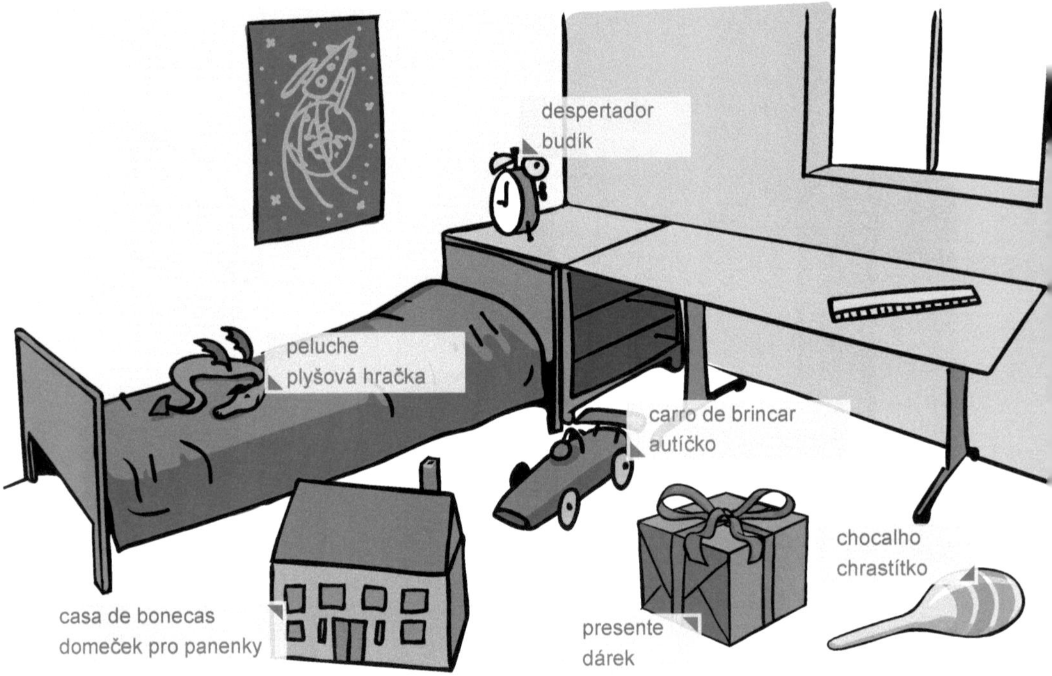

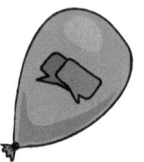

balão

balón

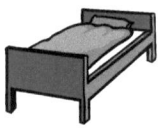

cama

postel

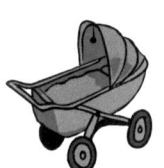

carrinho de bebé

kočárek

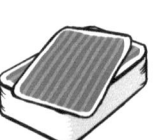

jogo de cartas

balíček karet

quebra-cabeças

puzzle

SUPER
MEGA


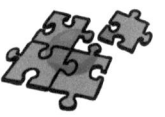

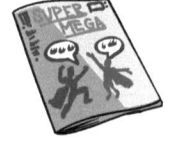

banda desenhada

komiks

peças de Lego

lego kostky

blocos de construção

stavebnice

figura de ação

akční figurka

fato de bebé

dupačky

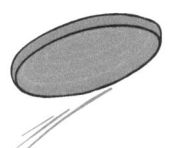

Frisbee

frisbee

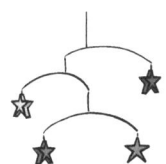

móbile para bebé

závěsné hračky nad postýlku

jogo de tabuleiro

desková hra

dados

kostky

pista de comboio elétrico

modelová železnice

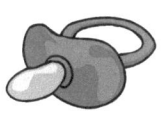

chupeta

dudlík

festa

oslava

livro ilustrado

obrázková kniha

bola

míč

boneca

panenka

jogar

hrát si

quarto de criança - dětský pokoj

43

caixa de areia

pískoviště

baloiço

houpačka

brinquedos

hračky

consola de jogos

hrací konzole

triciclo

tříkolka

ursinho de peluche

medvídek

guarda-roupa

šatník

## vestuário

## oblečení

meias

ponožky

meias pelo joelho

punčochy

meias-calças

punčochové kalhoty

cachecol
šála

guarda-chuva
deštník

t-shirt
tričko

cinto
pásek

botas
kozačky

chinelos
domácí obuv

sapatilhas
tenisky

sandálias
sandály

sapatos
obuv

botas de borracha
holínky

cuecas
spodní prádlo

sutiã
podprsenka

camisola interior
nátělník

vestuário - oblečení

body
body

calças
kalhoty

calças de ganga
džíny

saia
sukně

blusa
blůza

camisa
košile

pulôver
svetr

camisola com capuz
mikina

blazer
blejzr

casaco
bunda

manto
kabát

gabardina
pláštěnka

traje
kostým

vestido
šaty

vestido de casamento
svatební šaty

fato

oblek

camisa de dormir

noční košile

pijama

pyžamo

sari

sárí

lenço de cabeça

šátek na hlavu

turbante

turban

burca

burka

cafetã

kaftan

abaya

abája

fato de banho

plavky

calções de banho

pánské plavky

calções

kraťasy

fato de treino

tepláková souprava

avental

zástěra

luvas

rukavice

botão

knoflík

óculos

brýle

pulseira

náramek

colar

náhrdelník

anel

prsten

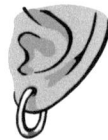

brinco

náušnice

boné

čepice

cabide

ramínko

chapéu

klobouk

gravata

kravata

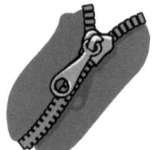

fecho de correr

zip

capacete

helma

suspensórios

kšandy

uniforme escolar

školní uniforma

uniforme

uniforma

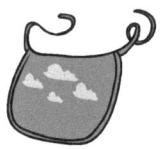

babete

bryndák

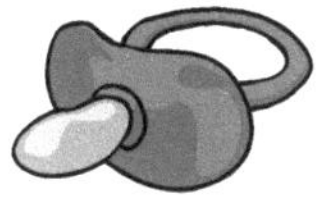

chupeta

dudlík

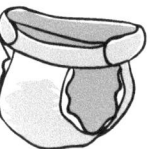

fralda

plena

# escritório
# kancelář

servidor
server
armário de arquivo
kartotéka
impressora
tiskárna
papel
papír
ecrã
monitor
rato
myš
secretária
psací stůl
pasta
šanon
teclado
klávesnice
cesto de lixo
odpadkový koš na papír
computador
počítač
cadeira
židle


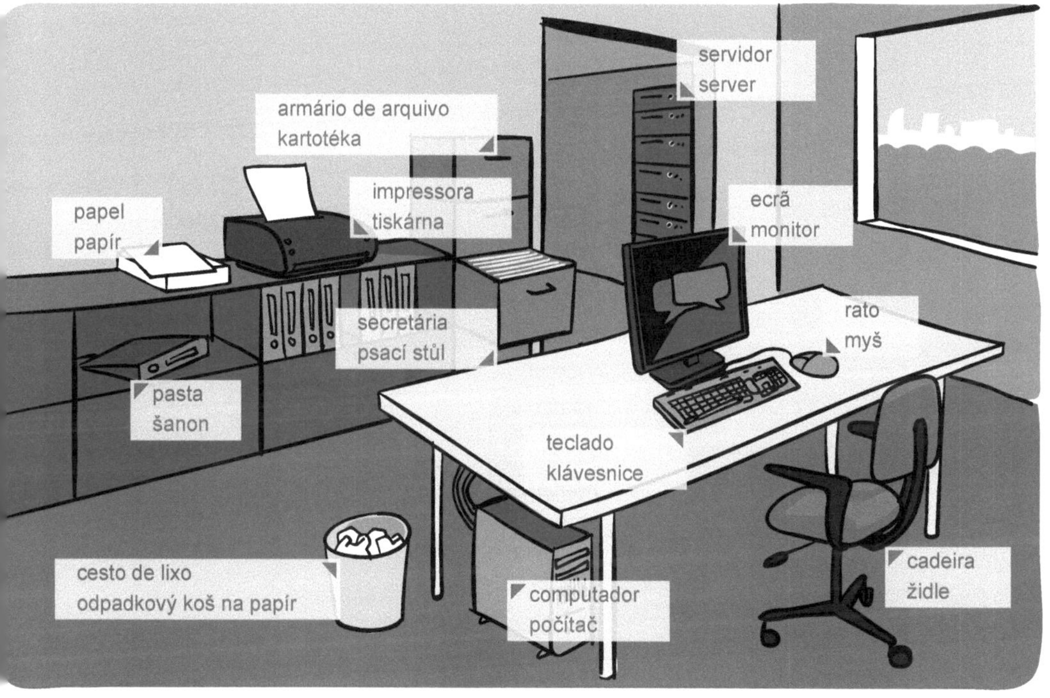

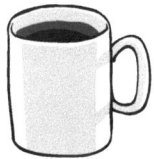

caneca de café

hrnek na kávu

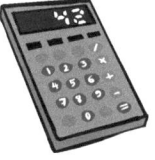

calculadora

kalkulačka

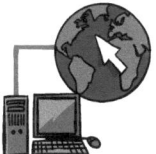

internet

internet

computador portátil

notebook

carta

dopis

mensagem

zpráva

telemóvel

mobil

rede

síť

fotocopiadora

kopírka

software

software

telefone

telefon

tomada elétrica

zásuvka

fax

fax

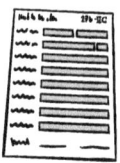

formulário

formulář

documento

dokument

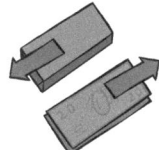

comprar

nakupovat

pagar

zaplatit

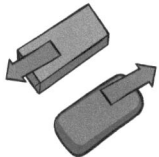

negociar

jednat

dinheiro

peníze

dólar

dolar

euro

euro

yen

jen

rublo

rubl

franco suíço

frank

renminbi yuan

juan

rupia

rupie

caixa de multibanco

bankomat

casa de câmbio

směnárna

ouro

zlato

prata

stříbro

petróleo

olej

energia

energie

preço

cena

contrato

smlouva

imposto

daň

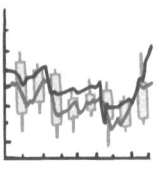

ação

akcie

trabalhar

pracovat

empregado

zaměstnanec

entidade patronal

zaměstnavatel

fábrica

továrna

loja

obchod

agricultura - hospodářství

agente da polícia
policista

bombeiro
hasič

cozinheiro
kuchař

médico
lékař

píloto
pilot

jardineiro
zahradník

carpinteiro
truhlář

costureira
švadlena

juiz
soudce

químico
chemik

ator
herec

motorista de autocarro

řidič autobusu

motorista de táxi

řidič taxi

pescador

rybář

empregada de limpeza

uklízečka

telhador

pokrývač

empregado de mesa

číšník

caçador

myslivec

pintor

malíř

padeiro

pekař

eletricista

elektrikář

construtor

stavební dělník

engenheiro

inženýr

talhante

řezník

canalizador

klempíř

carteiro

listonoš

soldado
voják

arquiteto
architekt

caixa
pokladní

florista
florista

cabeleireiro
kadeřník

controlador de bilhetes
průvodčí

mecânico
mechanik

capitão
kapitán

dentista
zubař

cientista
vědec

rabino
rabín

imã
imám

monge
mnich

pastor
duchovní

# ferramentas
# nářadí

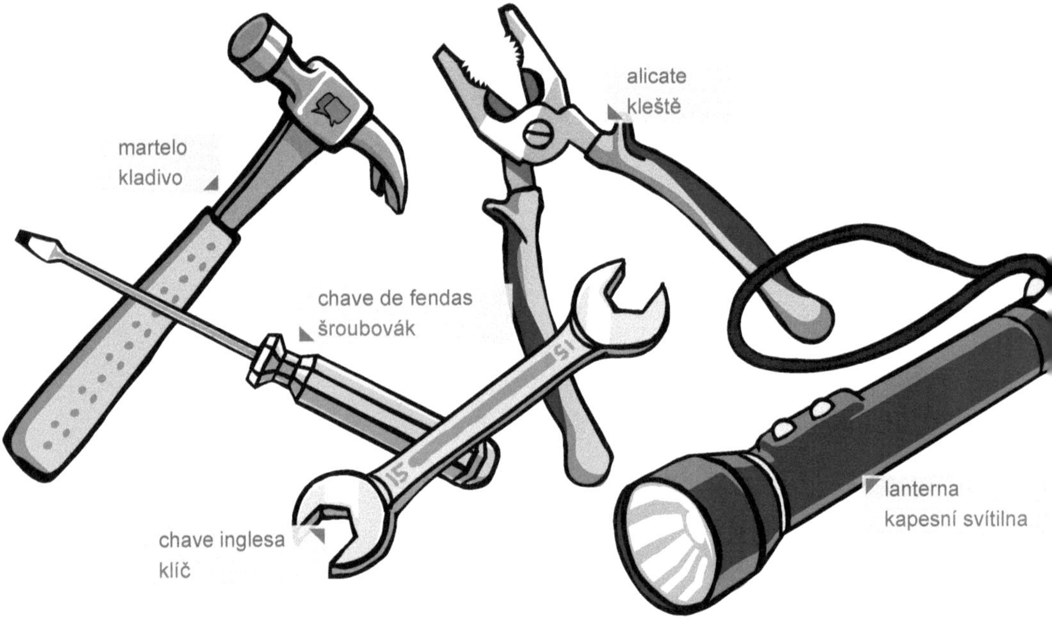
alicate
kleště
martelo
kladivo
chave de fendas
šroubovák
lanterna
kapesní svítilna
chave inglesa
klíč

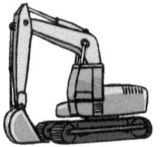

escavadora
bagr

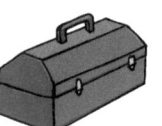

caixa de ferramentas
skříň na nářadí

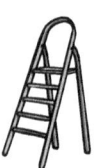

escadote
žebřík

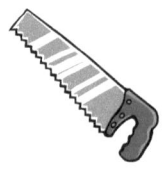

serra
pila

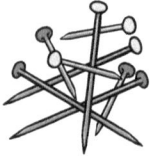

pregos
hřebíky

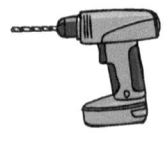

broca
vrtačka

reparar
opravit

pá
lopata

porcaria!
Kurva!

pá de lixo
lopatka

pote de tinta
vědroé na barvu

parafusos
šrouby

## instrumentos musicais
## hudební nástroje

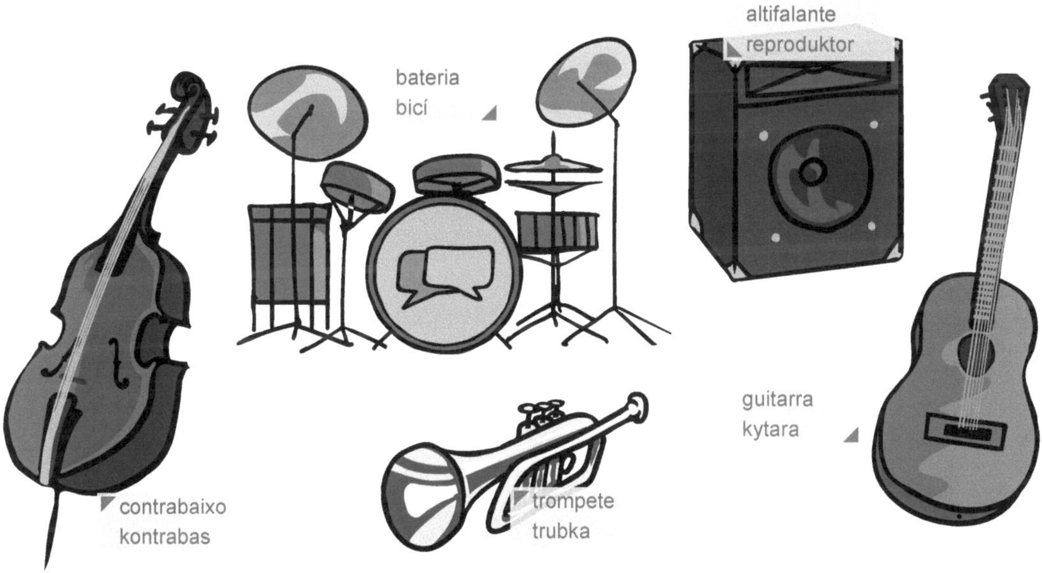

altifalante
reprodutor

bateria
bicí

guitarra
kytara

contrabaixo
kontrabas

trompete
trubka

piano

klavír

violino

housle

baixo

basa

timbales

tympán

tambor

bubny

teclado

keyboard

saxofone

saxofon

flauta

flétna

microfone

mikrofon

# jardim zoológico

## zoo

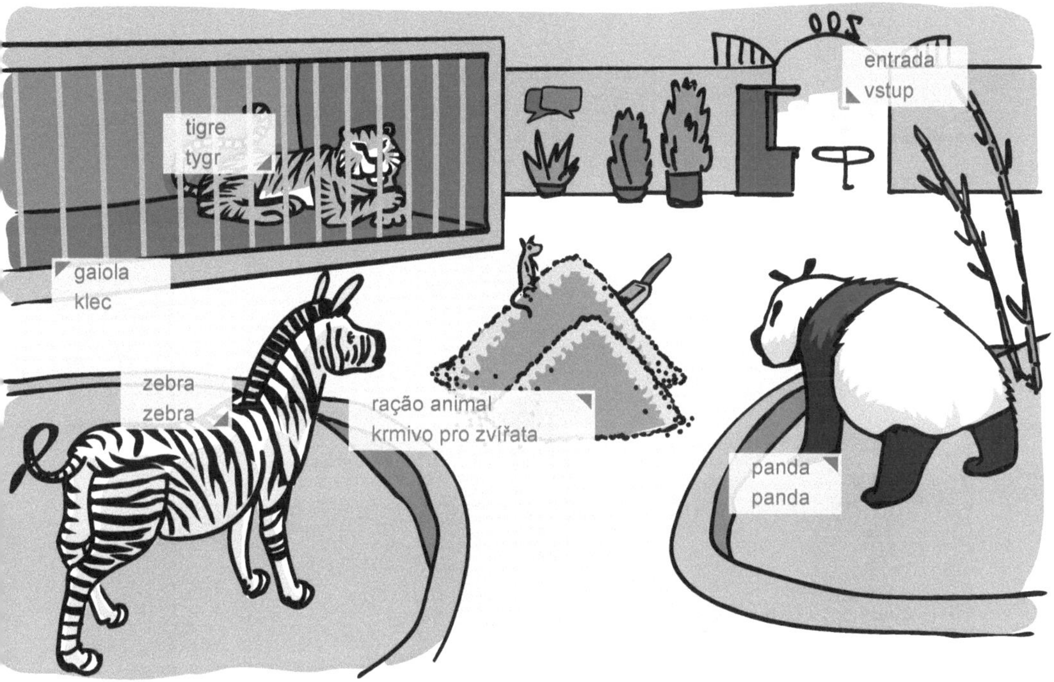

zoo
entrada
vstup
tigre
tygr
gaiola
klec
zebra
zebra
ração animal
krmivo pro zvířata
panda
panda


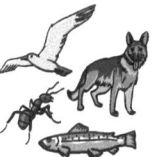

animais
zvířata

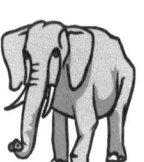

elefante
slon

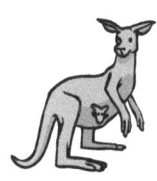

canguru
klokan

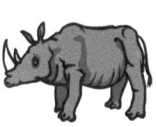

rinoceronte
nosorožec

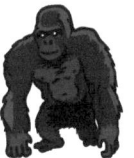

gorila
gorila

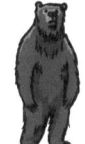

urso
medvěd

camelo

velbloud

avestruz

pštros

leão

lev

macaco

opice

flamingo

plameňák

papagaio

papoušek

urso polar

lední medvěd

pinguim

tučňák

tubarão

žralok

pavão

páv

cobra

had

crocodilo

krokodýl

guarda do jardim zoológico

ošetřovatel zvířat

foca

tuleň

jaguar

jaguár

pónei

poník

leopardo

leopard

hipopótamo

hroch

girafa

žirafa

águia

orel

javali

divoké prase

peixe

ryby

tartaruga

želva

morsa

mrož

raposa

liška

gazela

gazela

futebol americano
americký fotbal

ciclismo
cyklistika

ténis
tenis

basquetebol
košíková

natação
plavání

hóquei no gelo
lední hokej

boxe
box

futebol
kopaná

badminton
badminton

atletismo
lehká atletika

andebol
házená

esqui
běh na lyžích

polo
vodní pólo

saltar
skočit

rir
smát se

abraçar
objímat

andar
jít

cantar
zpívat

sonhar
snít

rezar
modlit se

beijar
políbit

escrever
psát

desenhar
kreslit

mostrar
ukazovat

empurrar
tlačit

dar
dát

tomar
vzít si

ter
........................
mít

fazer
........................
dělat

ser
........................
být

ficar de pé
........................
stát

correr
........................
běhat

puxar
........................
táhnout

remessar
........................
hodit

cair
........................
padat

deitar
........................
ležet

esperar
........................
čekat

carregar
........................
nosit

sentar
........................
sedět

vestir
........................
oblékat

dormir
........................
spát

acordar
........................
vzbudit se

olhar para

prohlédnout si

chorar

plakat

acariciar

pohladit

pentear

česat

falar

hovořit

compreender

rozumět

perguntar

ptát se

ouvir

slyšet

beber

pít

comer

jíst

arrumar

uklidit

amar

milovat

cozinhar

vařit

conduzir

jet

voar

letět

velejar

plachtit

calcular

počítat

ler

číst

aprender

učit se

trabalhar

pracovat

casar

vzít si

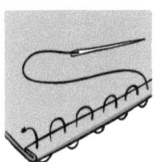

costurar

šít

escovar os dentes

čistit si zuby

matar

zabít

fumar

kouřit

enviar

poslat

avó
babička

avô
dědeček

pai
otec

mãe
matka

bebé
dítě

filha
dcera

filho
syn

convidado

host

tia

teta

tio

strýc

irmão

bratr

irmã

sestra

# corpo
## tělo

testa
čelo
olho
oko
ombro
rameno
dedo
prst
cara
obličej
queixo
brada
mão
ruka
perna
dolní končetina
peito
hruď
braço
paže

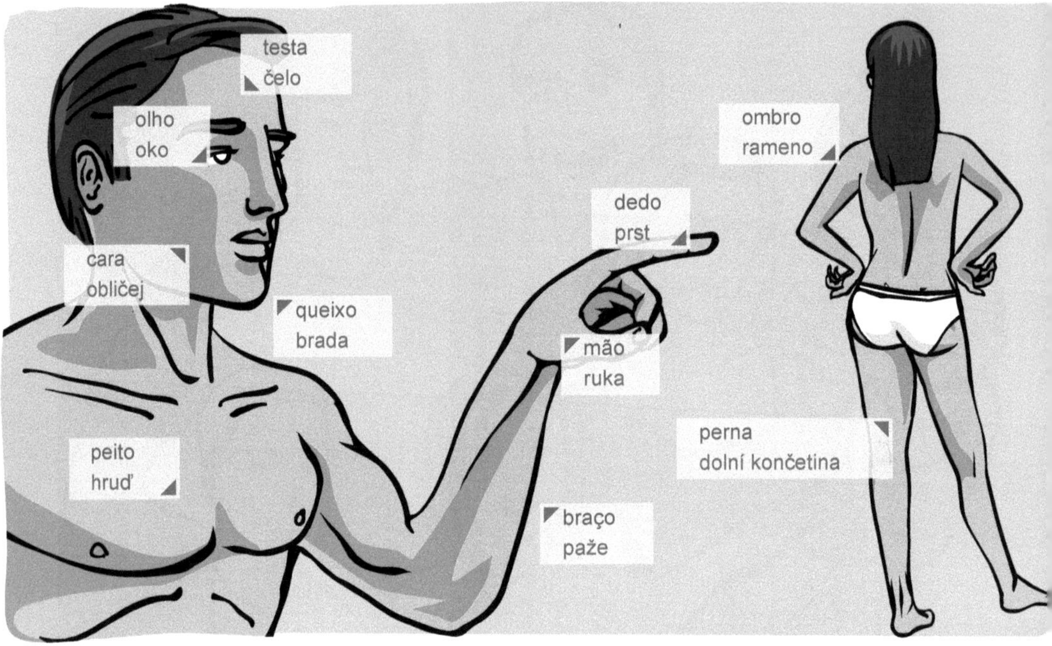

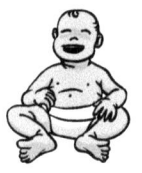

bebé
dítě

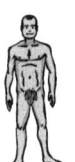

homem
muž

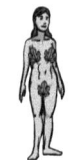

mulher
žena

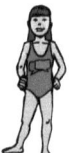

menina
dívka

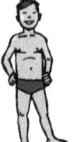

menino
chlapec

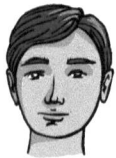

cabeça
hlava

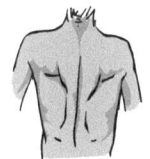

costas

záda

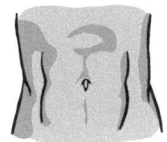

barriga

břicho

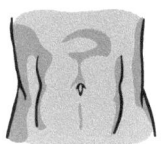

umbigo

pupík

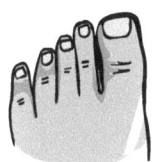

dedo do pé

prst na noze

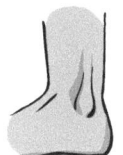

calcanhar

pata

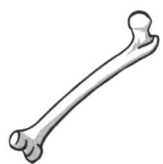

osso

kost

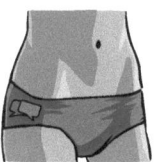

anca

bok

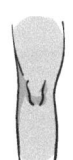

joelho

koleno

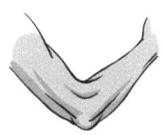

cotovelo

loket

nariz

nos

nádegas

zadek

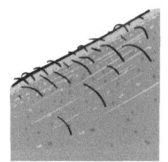

pele

kůže

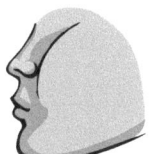

bochecha

tvář

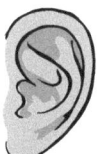

orelha

ucho

lábio

ret

boca

ústa

dente

zub

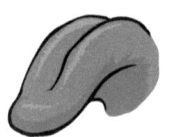

língua

jazyk

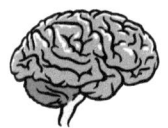

cérebro

mozek

coração

srdce

músculo

sval

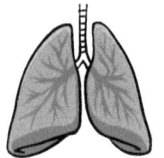

pulmão

plíce

fígado

játra

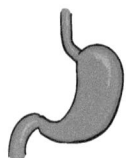

estômago

žaludek

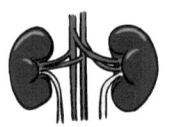

rins

ledviny

relações sexuais

pohlavní styk

preservativo

kondom

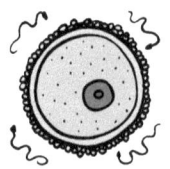

óvulo

vajíčko

esperma

sperma

gravidez

těhotenství

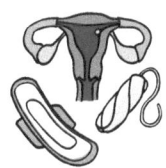

menstruação

menstruace

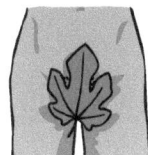

vagina

vagina

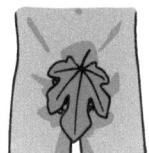

pénis

penis

sobrancelha

obočí

cabelo

vlasy

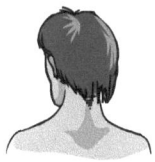

pescoço

krk

# hospital
# nemocnice

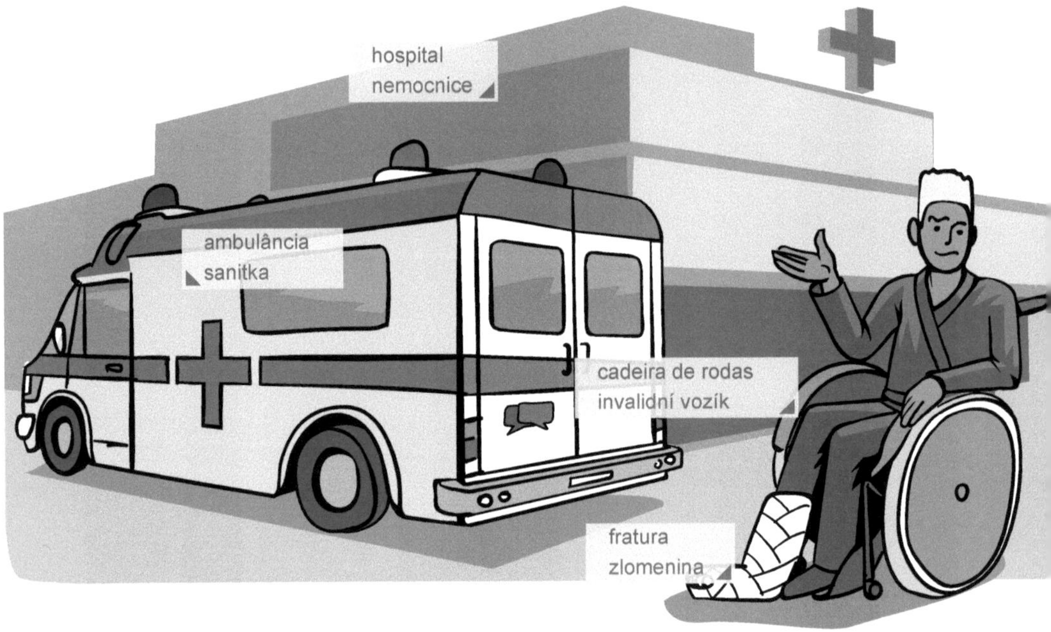

hospital
nemocnice
ambulância
sanitka
cadeira de rodas
invalidní vozík
fratura
zlomenina


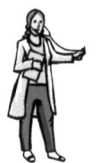

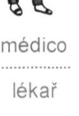

médico

lékař

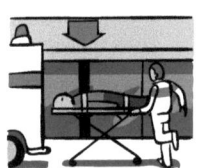

serviço de urgências

pohotovost

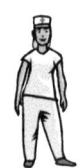

enfermeira

zdravotní sestra

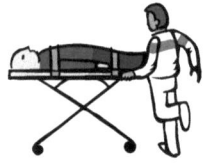

emergência

urgentní případ

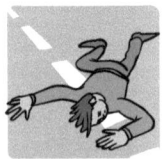

inconsciente

v bezvědomí

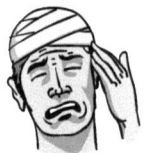

dor

bolest

ferimento

úraz

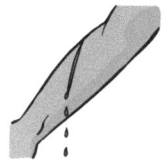

hemorragia

krvácení

ataque cardíaco

infarkt myokardu

acidente vascular cerebral

cévní mozková příhoda

alergia

alergie

tosse

kašel

febre

horečka

gripe

chřipka

diarreia

průjem

dor de cabeça

bolest hlavy

cancro

rakovina

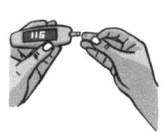

diabetes

cukrovka

cirurgião

chirurg

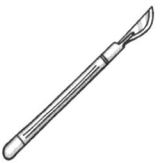

bisturi

skalpel

operação

operace

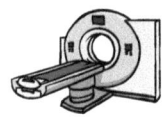

CT
CT

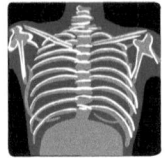

raio x
rentgen

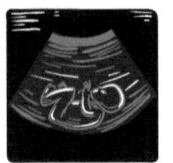

ultrassom
ultrazvuk

máscara
maska

doença
nemoc

sala de espera
čekárna

muleta
berle

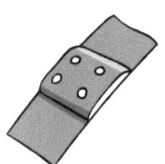

penso rápido
náplast

ligadura
obvaz

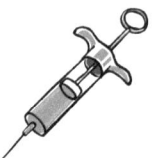

injeção
injekce

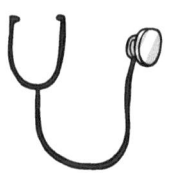

estetoscópio
stetoskop

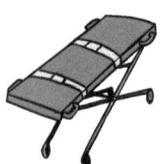

maca
nosítka

termómetro
teploměr

nascimento
porod

excesso de peso
nadváha

aparelho auditivo

naslouchátko

desinfetante

dezinfekční prostředek

infeção

infekce

vírus

virus

HIV / SIDA

HIV / AIDS

medicamento

lékařství

vacinação

očkování

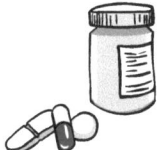

comprimidos

tablety

pílula

pilulka

chamada de emergência

tísňové volání

dispositivo de medição de
pressão arterial

tonometr

doente / saudável

nemocný / zdravý

Socorro!

Pomoc!

alarme

poplach

assalto

přepadení

ataque

napadení

perigo

nebezpečí

saída de emergência

nouzový východ

Fogo!

Hoří!

extintor de incêndios

hasicí přístroj

acidente

nehoda

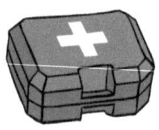

estojo de primeiros socorros

zdravotnická brašna

SOS

SOS

polícia

policie

Europa

Evropa

América do Norte

Severní Amerika

América do Sul

Jižní Amerika

África

Afrika

Ásia

Asie

Austrália

Austrálie

Atlântico

Atlantik

Pacífico

Pacifik

Oceano Índico

Indický oceán

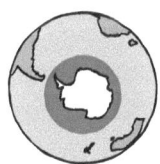

Oceano Antártico

Jižní ledový oceán

Oceano Ártico

Severní ledový oceán

Polo Norte

severní pól

Polo Sul

jižní pól

Antártica

Antarktida

terra

země

país

pevnina

mar

moře

ilha

ostrov

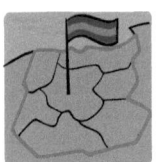

nação

národ

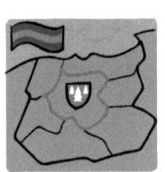

estado

stát

mostrador do relógio
........................
ciferník

ponteiro das horas
........................
hodinová ručička

ponteiro dos minutos
........................
minutová ručička

ponteiro dos segundos
........................
vteřinová ručička

Que horas são?
........................
Kolik je hodin?

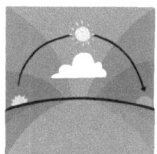

dia
........................
den

tempo
........................
čas

agora
........................
teď

relógio digital
........................
digitální hodinky

minuto
........................
minuta

hora
........................
hodina

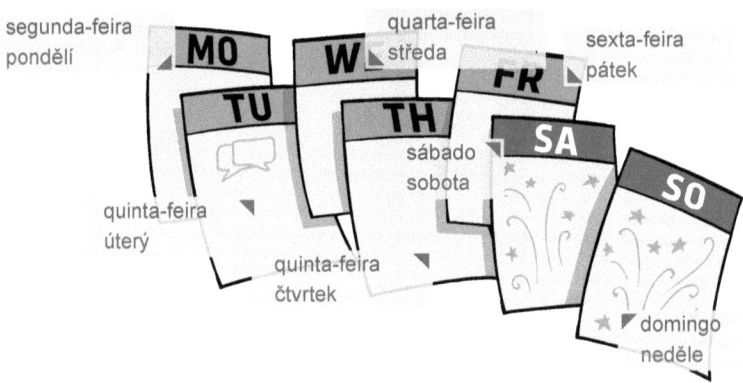

segunda-feira
pondělí

quarta-feira
středa

sexta-feira
pátek

sábado
sobota

quinta-feira
úterý

quinta-feira
čtvrtek

domingo
neděle

ontem
................
včera

hoje
................
dnes

amanhã
................
zítra

manhã
................
ráno

meio-dia
................
poledne

entardecer
................
večer

dias úteis
................
pracovní dny

fim de semana
................
víkend

chuva
déšť

arco-íris
duha

neve
sníh

vento
vítr

primavera
jaro

outono
podzim

verão
léto

inverno
zima

| 4.APRIL | 11° | ☀ |
| 5.APRIL | 4° | ☔ |
| 6.APRIL | 13° | ☔ |
| 7.APRIL | 8° | ❄ |
| 8.APRIL | 10° | ☀ |

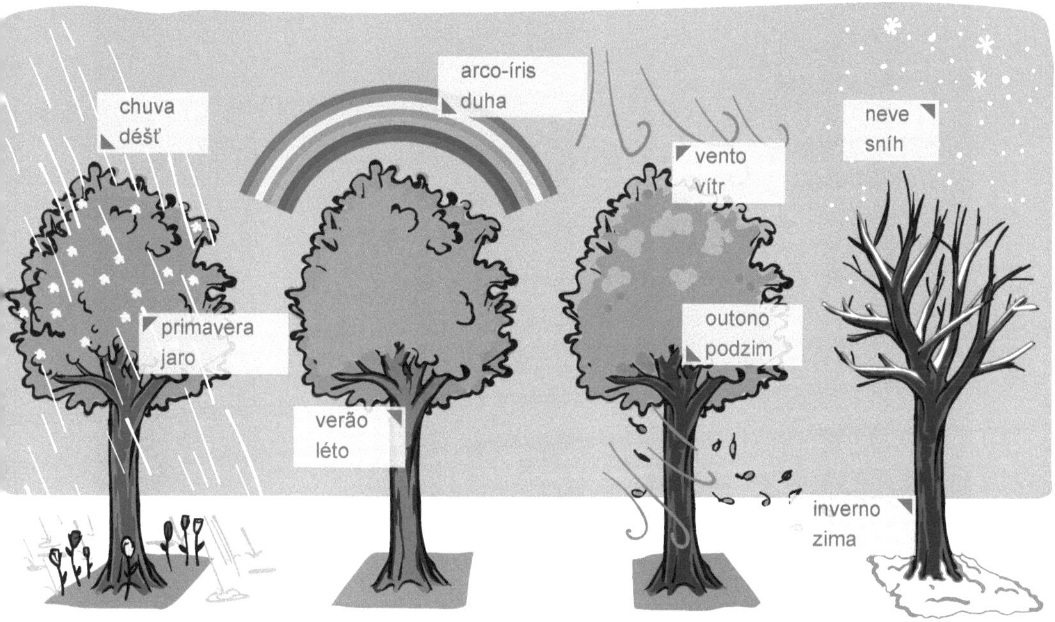

previsão do tempo

předpověď počasí

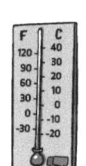

termómetro

teploměr

raios de sol

sluneční svit

nuvem

mrak

neblina / nevoeiro

mlha

humidade do ar

vlhkost

relâmpago

blesk

trovão

hrom

tempestade

bouřka

granizo

kroupy

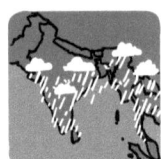

monção

monzun

inundação

povodeň

gelo

led

janeiro

leden

fevereiro

únor

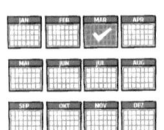

março

březen

abril

duben

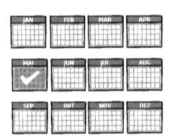

maio

květen

junho

červen

julho

červenec

agosto

srpen

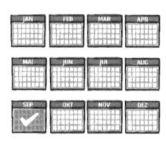

setembro
................
září

outubro
................
říjen

novembro
................
listopad

dezembro
................
prosinec

círculo
................
kruh

quadrado
................
čtverec

retângulo
................
obdélník

triângulo
................
trojúhelník

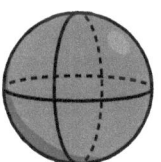

esfera
................
koule

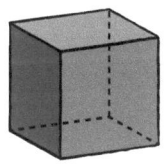

cubo
................
krychle

branco
................
bílá

amarelo
................
žlutá

laranja
................
oranžová

rosa
................
růžová

vermelho
................
červená

lilás
................
fialová

azul
................
modrá

verde
................
zelená

castanho
................
hnědá

cinzento
................
šedá

preto
................
černá

muito / pouco

hodně / málo

furioso / calmo

rozzuřený / mírumilovný

lindo / feio

krásný / ošklivý

princípio / fim

začátek / konec

grande / pequeno

velký / malý

claro / escuro

světlý / tmavý

irmão / irmã

bratr / sestra

limpo / sujo

čistý / špinavý

completo / incompleto

úplný / neúplný

dia / noite

den / noc

morto / vivo

mrtvý / živý

largo / estreito

široký / úzký

comestível / não comestível

jedlý / nejedlý

mau / gentil

zlý / hodný

entusiasmado / entediado

vzrušený / znuděný

gordo / magro

tlustý / hubený

primeiro / último

nejdříve / naposledy

amigo / inimigo

přítel / nepřítel

cheio / vazio

plný / prázdný

duro / macio

tvrdý / měkký

pesado / leve

těžký / lehký

fome / sede

hlad / žízeň

doente / saudável

nemocný / zdravý

ilegal / legal

ilegální / legální

inteligente / burro

inteligentní / hloupý

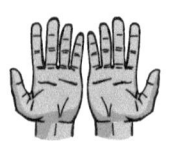

esquerda / direita

vlevo / vpravo

perto / longe

blízko / daleko

novo / usado

nový / použitý

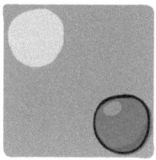

nada / algo

nic / něco

velho / jovem

starý / mladý

ligado / desligado

zapnutý / vypnutý

aberto / fechado

otevřeno / zavřeno

baixo / alto

tichý / hlasitý

rico / pobre

bohatý / chudý

certo / errado

správný / špatný

áspero / liso

drsný / hladký

triste / feliz

smutný / šťastný

curto / longo

krátký / dlouhý

lento / rápido

pomalý / rychlý

molhado / seco

vlhký / suchý

ameno / fresco

teplý / chladný

guerra / paz

válka / mír

# números

## čísla

**0**

zero

nula

**1**

um

jedna

**2**

dois

dva

**3**

três

tři

**4**

quatro

čtyři

**5**

cinco

pět

**6**

seis

šest

**7**

sete

sedm

**8**

oito

osm

**9**

nove

devět

**10**

dez

deset

**11**

onze

jedenáct

**12**

doze

dvanáct

**13**

treze

třináct

**14**

catorze

čtrnáct

**15**

quinze

patnáct

**16**

dezasseis

šestnáct

**17**

dezassete

sedmnáct

**18**

dezoito

osmnáct

**19**

dezanove

devatenáct

**20**

vinte

dvacet

**100**

cem

sto

**1.000**

mil

tisíc

**1.000.000**

milhão

milion

inglês
............
angličtina

inglês americano
............
americká angličtina

chinês mandarim
............
standardní čínština

hindi
............
hindština

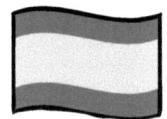

espanhol
............
španělština

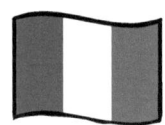

francês
............
francouzština

árabe
............
arabština

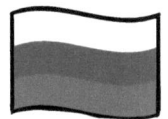

russo
............
ruština

português
............
portugalština

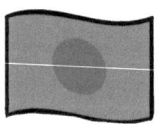

bengalês
............
bengálština

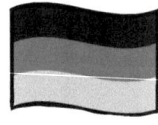

alemão
............
němčina

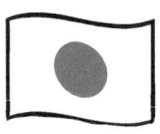

japonês
............
japonština

eu

já

tu

ty

ele / ela

on / ona / ono

nós

my

vós

vy

eles / elas

oni

quem?

Kdo?

o quê?

Co?

como?

Jak?

onde?

Kde?

quando?

Kdy?

nome

jméno

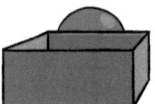

atrás

za

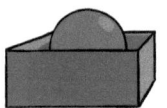

em

do

à frente de

z

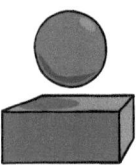

sobre

nad

em cima

na

debaixo

mezi

ao lado

vedle

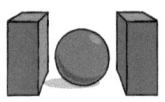

entre

mezi

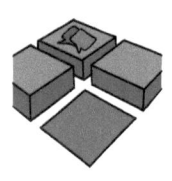

lugar

místo